＊作り方は p.37 参照

＊作り方は p.14 参照

森井ユカの
樹脂粘土で作る
カワイイ！雑貨マスコット
Yuka Morii's CLAY LABO

まえがき

普段の何気ない生活の中に一緒にいてくれる
毎日が楽しくなる粘土雑貨の本を作りました。

殺風景なコーナーをぱっと明るくしてくれる
ハリネズミのカードスタンド。
歩くリズムに合わせてゆらゆら揺れる
バッグにつけた黒ネコのタグ。
開けるたびにわくわくするキャンディポットのふたには
小さな家が。

まずは絵本のようにぱらぱらめくって、
気になったものから作ってみてください。
もちろん書いてある通りにしなくったって大丈夫！
粘土だけあれば、あとは特別な道具はほとんどいりません。
ひとりでそっと、友だちと賑やかに、親子で仲良く。
自分で使ったり、飾ったり。大事な人にプレゼントしたり。
粘土雑貨の世界を広げましょう！

＊作り方は p.38 参照

*作り方は p.51 参照

Contents

まえがき………………2

知っておきたい粘土の基本………………8

1 ＊使う粘土雑貨………………12
   星座のマグネット………………14
   インテリアのプッシュピン………………17
   ハリネズミのカード立て………………19
   キャンディポット島………………21
   デスクまわりの雑貨………………23
   フォトスタンド………………27
   黒ネコのタグ………………28

Essay 1　粘土は楽しく作りましょう！………………30

2 ＊飾る粘土雑貨………………32
   おすわりクマ………………35
   立ちウサギ＆ネコ………………37
   トリのモビール………………38
   プチ動物園………………41
   ミニチュアショップ………………43
   イニシャルオーナメント………………45

Essay 2　粘土雑貨をパッケージしてプレゼント！………………46

3 ＊身につける粘土雑貨………………48
   クッキー型で作るブローチ………………51
   ストラップ………………52
   ビーズ・ビーズ・ビーズ………………55
   スイーツの髪飾り………………57

あとがき………………58

作品見本・型紙………………60

森井ユカおすすめの粘土＆道具紹介………………63

［アイコンの説明］

難易度
難しさを５段階で表しています。

製作時間
形を作るのにだいたい何時間くらいかかるかの目安です。

乾燥日数
樹脂粘土（モデナ）が乾くまでの日数の目安です。

知っておきたい
粘土の基本

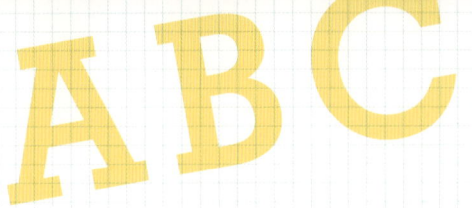

[粘土の種類]

粘土は原材料別にいくつかの種類があります。本書の作品は樹脂粘土を使用していますが、質感や目的によって粘土を使い分けても楽しいです。

樹脂粘土
自然乾燥させるもの、オーブンで焼いて仕上げるものがある。細かな作業に適している。本書では自然乾燥させる「モデナ」を使用。

紙・石粉粘土
紙や石の粉が原材料の最もポピュラーな粘土。自然乾燥させてから色を塗る。おすすめは「ラドール」など。

軽量粘土
パルプと糊が原材料の粘土。速乾性があり、非常に軽くスポンジのような質感が特徴。カラフルな色つきもある。おすすめは「ハーティクレイ」など。

[粘土の扱い方とコツ]

作品作りに共通する粘土の扱い方についてまとめていますので、作り始める前にここで確認しておきましょう。

コツ1 着色する

樹脂粘土と紙・石粉粘土は乾燥前に着色できます。ただし、紙・石粉粘土は乾燥後に筆で塗るほうが一般的です。軽量粘土はカラーバリエーションがあります。

1 粘土をよく練ってやわらかくする。

2 皿状にし、アクリル絵の具やポスターカラーをたらし、縁をくっつけて閉じこめる。

3 手のひらをすり合わせながら棒状にのばし、たたむ。できるだけゆっくり作業する。

4 3の工程を何度もくりかえすと、粘土に色が混ざってくる。

コツ2 のばす　どの粘土にも共通のコツです。

手で

 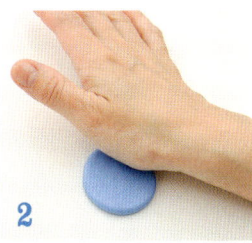

1. いったん丸めてから、指ではさみ、少しずつ粘土を移動させるイメージでのばしていく。

2. 手のひらのつけ根あたりで押すようにして平らにのばす。

のし棒で

のし棒を使い、同じ厚さになるように力を均等に入れてのばす。

Point!

均一な厚さにしたい場合、割り箸を両脇に置いてのばすと、割り箸と同じ厚さにのばせる。

コツ3 切る　どの粘土にも共通のコツです。

ハサミで

型紙に沿って切る場合など慎重になると粘土が乾いてしまうので、手早く行うのがポイント。

型で

ベビーパウダーを型につけておくと粘土がくっついてしまうのを防げる。

Point!

切り口はよれやすいので、水をほんの少し指につけ、なぞるようにしてなめらかに整える。

コツ4 つける　どの粘土にも共通のコツです。

粘土のパーツをつける場合、パーツもしくは接着面に水を少しつけてくっつける。

コツ5 乾かす　どの粘土にも共通のコツです。

粘土板の上などに置き、乾かす。粘土の種類や大きさにより乾燥時間は異なる。

Point!

Before　　After

樹脂粘土の場合、乾くと水分が抜けるため、多少縮んで色が濃くなる。

コツ6 保存する　どの粘土にも共通のコツです。

作業中

使う予定の粘土でも作業しないうちは、ジッパーつきビニール袋に入れるかラップで包んで乾燥を防ぐ。

作業後

粘土をラップ、もしくはジッパーつきビニール袋で密閉し、さらに密閉容器に入れて保管する。二重に密閉するのがポイント。

粘土板について

市販のものもありますが、板状のものにアルミホイルやラップを巻いて使ってもOK。いちばん手軽なのは、クリアファイルに厚紙か段ボールをはさんだもの。

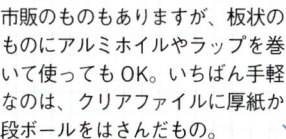

［あると便利な道具］

粘土と着色料があれば、身の回りのもので作品は作れます。そろえておくと便利なものをご紹介します。

粘土板
粘土用の作業板。アクリルまな板やクリアファイルなどでも代用可。「粘土板について」(p.9) 参照。

ハサミ
粘土を切るときに使う。カッターやヘラで代用できることも。
［粘土用ステンレスハサミ／パジコ］

ようじ
模様をつけたり、穴をあけたり、芯材として使う。何本か用意しておく。

ヘラ
筋をつけるのに使う。ようじでも代用可。
［ねんどベラ3本セット／パジコ］

ベビーパウダー
粘土がくっつかないよう、型や作業台に薄くまぶして使う。

割り箸
均一な厚さにのばすときに、のし棒とセットで使う。

のし棒
粘土を薄くのばすときに使う。
［ミニのし棒／パジコ］

おしぼり
使わなくなったタオルなどをぬらしておく。手は常にきれいにして作業する。

［着色用絵の具］

◀ ポスターカラー

◀ アクリル絵の具

◀ プロスアクリックス

≡ 樹脂粘土以外で作るときのポイント ≡

紙・石粉粘土 ❗ **着色は乾燥後に**

乾燥後、粗いやすり (100番) → 細かなやすり (240番) とやすりがけをし、表面をなめらかにする。

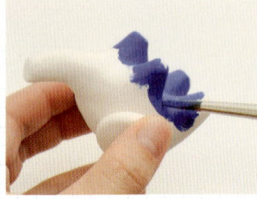

アクリル絵の具を筆にとり、塗る。絵の具が染み込んで薄くなる場合は2～3度重ね塗りをする。

memo
絵の具が乾いたあとにニスを塗れば色がはがれにくくなります。細かな作業には向いていませんが、中に芯を入れれば大きなものも作ることができます。

軽量粘土 ❗ **違う色の粘土を混ぜて新たな色を作る**

発色のきれいな軽量粘土同士を混ぜて、別の色を作る。

手に色移りはしにくいが、早く乾いてしまうので素早くねじるように混ぜる。

memo
軽量粘土はのびがよく、造形しやすいのが特長です。ショックには弱く、固いものにぶつかると壊れやすいので、主に飾るものに向いています。

［本書で主に使用した粘土カラー］

樹脂粘土（モデナ）にアクリル絵の具またはポスターカラーを混ぜて色を作ります（混ぜ方はp.8参照）。
粘土の量が少なすぎると着色しづらいので、2〜3cm大ほどが最適です。
使ったアクリル絵の具の色と着色後の色を参考に、粘土を着色してください。

※本書はアクリル絵の具［プロスアクリックス／パジコ］を使用しています。

赤・ピンク　RED, PINK
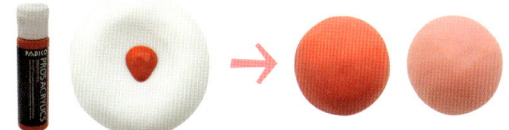
［レッド］

黄色・クリーム色　YELLOW, CREAM

［イエローディープ］

青・水色　BLUE, LIGHT BLUE

［ロイヤルブルー］

オレンジ　ORANGE

［オレンジ］

茶色　BROWN

［チョコレート］

緑　GREEN

［ミドルグリーン］

黄緑　YELLOW-GREEN

［イエローグリーン］

白　WHITE
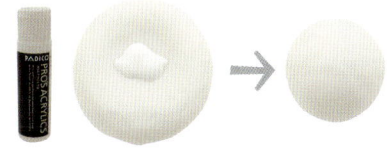
［ホワイト］

黒　BLACK
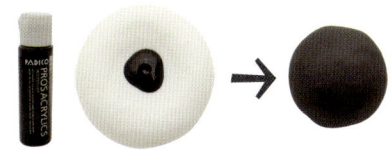
［ブラック］

1

使う粘土雑貨

着色料を混ぜて、自分で色を作った
樹脂粘土はとってもきれい。
カード立て、プッシュピン、マグネット。
毎日の暮らしがちょっと楽しくなる、
可愛くて役に立つ粘土雑貨の作り方です。

星座のマグネット　MAGNET OF CONSTELLATION

家族の星座を作ってみるのもいいし、友だちの星座を作ってプレゼントするのもいいですね。見本はすべてオレンジ・水色・黄色・黒の4色だけで作っていますが、もっと色を加えてカラフルにしたり、形を変えて自分なりの星座を作ってみてください。51ページのようにピンをつけてブローチにしても。ピンは上部につけるのがコツです。

必要なもの
粘土（モデナ）／マグネット（大きさ1.5～2cm）各1個／両面テープ

作り方　※みずがめ座を例に紹介しています。他の星座はp.60の作品見本を参考にしてください。

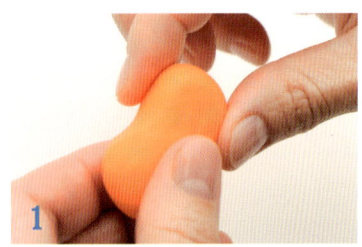

1　粘土をオレンジに着色し（p.11参照）、2.5cm大に丸める。ひょうたん形にしながら厚さ3～4mmにする。

2　みずがめの口部分の下をくぼませる。

3　みずがめの口部分を指でへこませる。

4　オレンジの粘土7～8mm玉を長さ3.5cmほどにのばし、水を少しつけたみずがめの脇につける。反対側も同様に。

5　水色の粘土（p.11参照）7～8mm玉をだ円にのばし、みずがめの口部分につけ、のばす。

6　黒の粘土（p.11参照）で目と鼻、口を作ってつける。乾燥後、両面テープでマグネットにつける。

- 紙・石粉粘土の場合は……乾燥後、アクリル絵の具などで着色し、ニスを塗る。
- 軽量粘土の場合は………パーツが土台から離れないよう、しっかりとくっつける。

Magnet of Constellation

Push Pin

インテリアのプッシュピン PUSH PIN

家の中にあるインテリアをモチーフにしたプッシュピンです。ベースとなるピンは頭の丸いものを選ぶと、粘土がしっかりくっつきます。イスの脚を作るのはちょっと難しいかもしれませんが、これに慣れればあとで紹介している動物も作りやすくなります。「急がず、少しずつ」形に近づけるのがコツ。ちょっと乾いたら少し水をつけて作ってください。

必要なもの
粘土（モデナ）／プッシュピン　各1個／ようじ／ヘラ

作り方

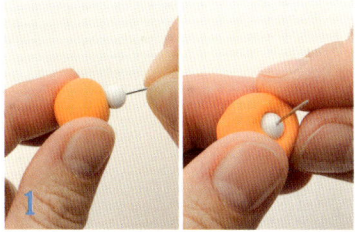

1　[時計を作る] 粘土をオレンジに着色し（p.11 参照）、1.5cm大に丸める。ピンをめりこませ、ヘッド部分を包む。

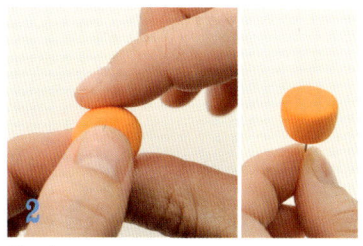

2　針に気をつけながら、形を整える。

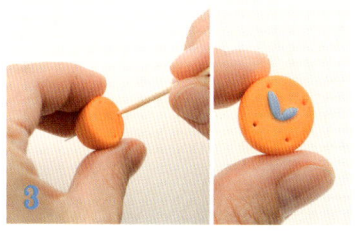

3　ようじで穴をあけ、水色の粘土（p.11 参照）で時計の針をつける。

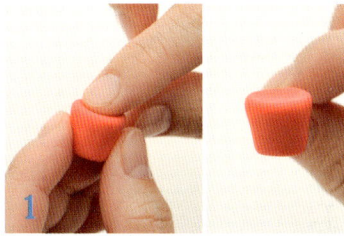

1　[サボテンを作る] 粘土を赤に着色し（p.11 参照）、1.5cm大に丸める。時計と同様にピンをめりこませ、鉢の形を作る。

2　茶色の粘土（p.11 参照）を丸め、鉢の上につけながら平らにする。ようじの先1cm分をカットし、鉢に刺す。

3　緑の粘土（p.11 参照）を1.5cm大に丸め、ようじで穴をあける。鉢のようじに刺す。

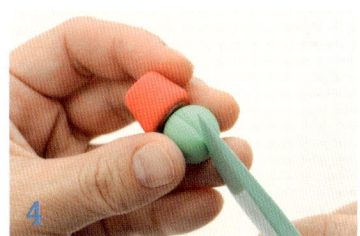

4　ヘラで溝をつける。

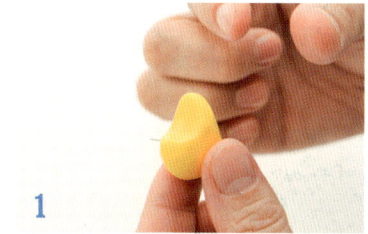

1　[イスを作る] 粘土を黄色に着色し（p.11 参照）、1.5cm大に丸める。時計と同様にピンをめりこませ、イスの背をつまみ出す。

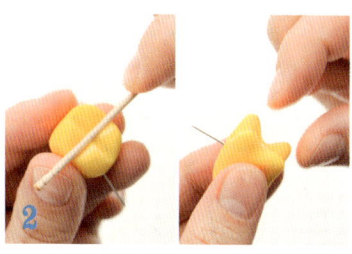

2　イスの座面裏をようじで4分割し、指で少しずつつまみ出しながら脚を作る。座面と背の境をようじで押さえ形を整える。

- 🟨 紙・石粉粘土の場合は……乾燥後、アクリル絵の具などで着色し、ニスを塗る。
- 🟨 軽量粘土の場合は…………衝撃に弱いため適さない。

17

Card Stand of Hedgehog

ハリネズミのカード立て CARD STAND OF HEDGEHOG

黄色や緑のハリネズミがいても楽しいし、大きいネズミ、小さいネズミ、いろいろな大きさで作ってもおもしろい。背中の切り込みにカードを差していますが、ハリで立てているようにも見えます。大きく作る場合は、ハリが取れないように、鼻先と同様に1本1本ようじを芯にして作ってください。

必要なもの
粘土（モデナ）／厚紙（名刺大）／ベビーパウダー／ようじ／ヘラ／ハサミ／定規

作り方

1 粘土をオレンジに着色し（p.11参照）、3.5cm大に丸める。

2 しずくの形に整えながら、ボディを作る。

3 ベビーパウダーをつけた厚紙で、深さ7〜8mmの溝をつける。
Point! 溝がつぶれないように、たまにカードを差し入れながら作業する。

4 ようじの先7〜8mm分をカットし、鼻先に差し込む。ようじで目をつけ、ヘラで口をつける。

5 ボディの山の中心にようじで印をつけ、その左右に1個ずつ、その下に2個印をつける。反対側にも同様に印をつける。

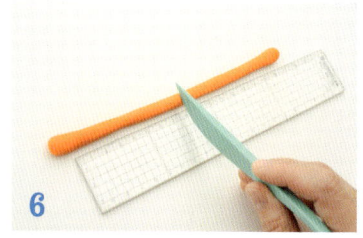

6 オレンジの粘土を2.5cm大に丸め、太さ5mmほどの棒状にのばす。10等分になるよう約1cmごとに印をつけ、ハサミでカットする。

7 カットした粘土を丸めてから三角に整え、ようじでつけた印の位置につける。
Point! 水を少しつけるとくっつきやすい。

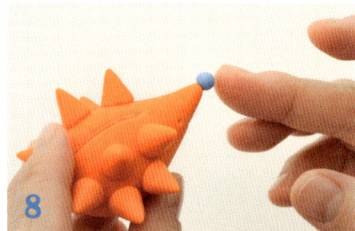

8 水色の粘土（p.11参照）を5mm大に丸め、ようじで穴をあけ、鼻先につける。

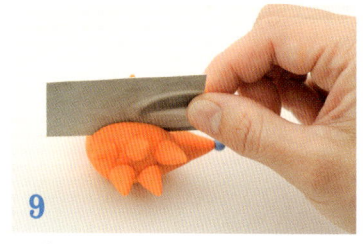

9 ベビーパウダーをつけた厚紙を溝にはさんで乾かす。

- 紙・石粉粘土の場合は……乾燥後、アクリル絵の具などで着色し、ニスを塗る。
- 軽量粘土の場合は………作り方2の段階で底におもり（パチンコ玉や釣り用錘など）を入れる。

Island on Bottle Cap

キャンディポット島 ISLAND ON BOTTLE CAP

水辺の夏小屋のようにのどかな風景。青いベースに島を浮かべてヤシの木を生やせば南国、家を作ったあとに白の粘土を薄くのせれば雪景色に……。41ページの動物をのせても楽しい。パーツが取れたり折れたりしないよう、ポットのふたから外側に作品がはみ出さないようにしてくださいね。

必要なもの
粘土（モデナ）／ふたつきビン（ふた直径 5.5cm のものを使用）／ハサミ／ようじ

作り方

1 粘土を黄色に着色し（p.11 参照）、2.5cm 大に丸める。手のひらで平らにしてからふたの上で押しのばす。

2 茶色の粘土（p.11 参照）を 1.5cm 大に丸め、家のベースを作る。家の底に少し水をつけて黄色の土台に押しつけるようにして接着する。

3 オレンジの粘土（p.11 参照）を 1cm 大に丸め、厚さ 1mm の長方形にのばし屋根を作る。家にのせ、余分をハサミでカットする。

4 屋根に水をつけ、指で押さえてくっつける。

5 屋根の余りを太さ 2〜3mm のひも状にのばし、斜めにハサミでカットし、屋根につける。ようじで穴をあける。

6 青の粘土（p.11 参照）をごま粒大に丸め、家に押しつけて窓にする。

7 緑の粘土（p.11 参照）を 1.5cm 大に丸めてから、大きな木を作り、家の横につける。木も家と同様に、底に少し水をつけて押しつけるようにして接着する。

8 小さい木を 2 つ作って前後につける。

- 紙・石粉粘土の場合は……乾燥後、アクリル絵の具などで着色し、ニスを塗る。
- 軽量粘土の場合は…………パーツが土台から離れないよう、しっかりとくっつける。

Stationery

デスクまわりの雑貨 STATIONERY

旅行気分が味わえる楽しいグッズがデスクにあったら、勉強や仕事がはかどるかも。地球のペン立てのほかに黄色い玉に穴をポコポコあけてお月さま、ぐるっと環をつけたら土星……などアレンジも。USBにつける粘土は、くれぐれも大きくならないように、差し込み口をじゃましない小さくて軽いものにしてください。

必要なもの
粘土（モデナ）／ペン立てに使用するペン／ベビーパウダー／クリップ（バチ形）／USBメモリ／針金（太さ0.5mm程度）約1cm／両面テープ（塩化ビニール用）適宜／ようじ／ハサミ

作り方

1
[地球のペン立てを作る] 粘土を青と白に着色し（p.11参照）、それぞれ2.5cm大と2cm大に丸める。

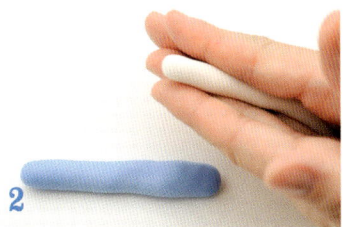

2
それぞれ手で細長くのばす。

3
2色の粘土を重ねる。

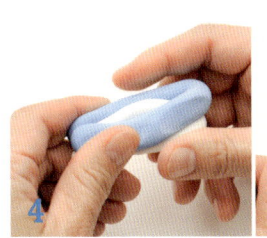  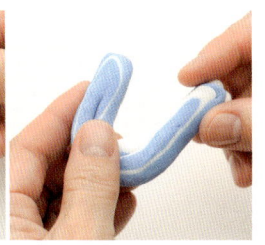

4
青ではさむように折り、ねじりながらのばし、さらにたたむ。それを何度かくりかえし、マーブル模様を作る。
Point! もう少しやったほうがいいかな？　と思う程度でとめるとちょうどいい。

5
マーブルにした粘土を丸める。

6
ベビーパウダーをつけたペンを真上から押し入れる。回しながら穴をあける。
Point! 急ぐと形がつぶれやすいので、ゆっくり回すこと。乾燥後少し縮まるので、少し広げ気味に。

7
穴を深さ約1cm程度あけて、乾かす。乾燥中に何度かペンを入れて縮みを防ぐとよい。

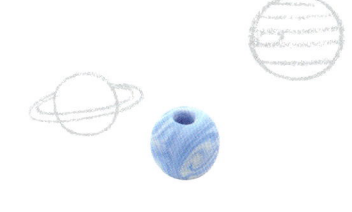

■ 紙・石粉粘土の場合は……乾燥後、アクリル絵の具などで着色し、ニスを塗る。
■ 軽量粘土の場合は…………ペン立てには底におもり（釣り用錘など）を入れる。クリップには適さない。

1

[エッフェル塔のUSBメモリを作る] 粘土を赤に着色し（p.11 参照）、2cm大に丸める。

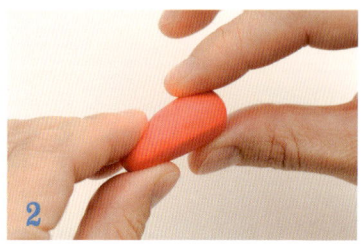

2

細長い三角形をイメージしながら成形する。

3

両手の指4本ではさみ、少しずつ四角すいに整える。

Point! USBメモリの上に収まるか確認しながらやること。

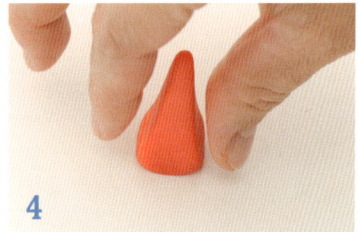

4

粘土板の上に押しつけ、底を平らにする。少し末広がりの形にするとサマになる。

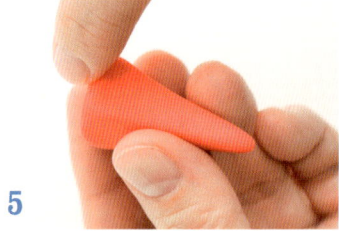

5

エッフェル塔の脚部分を作る。指で底側の面にへこみをつける。

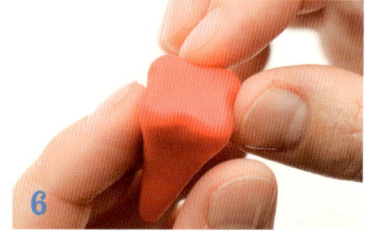

6

指で少しつまむようにして脚部分を整える。

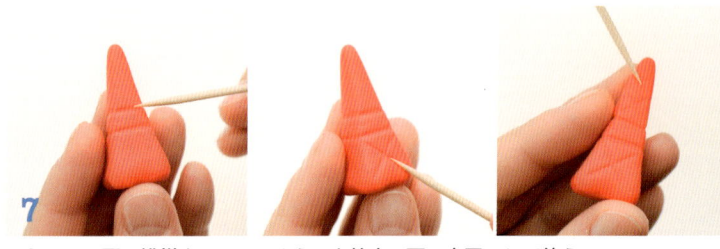

7

ようじで4面に模様をつける。ようじを粘土の面に水平にして使う。

Point! ようじを回しながら引くようにすると、きれいな筋がつく。

8

針金を1cmにカットし、上に刺す。

9

黄色の粘土（p.11 参照）で作った三角の旗をつける。乾いたら、両面テープでUSBメモリの上につける。

1

[バスのクリップを作る] 粘土をクリーム色に着色し（p.11 参照）、2cm大に丸める。

2

四角くし、平らにしながら長四角に整える。

3
長辺1辺の角をとって丸くし、反対側は角をしっかりつけ、かまぼこ状にする。

4
オレンジの粘土（p.11参照）1cm玉をのばし、厚さ1mm、幅5mmくらいにする。

5
ハサミで長さ3mm程度にカットし、窓を作る。

6
白の粘土（p.11参照）で同様に窓を作る。窓は水を少しつけ、押しつけるようにして接着する。
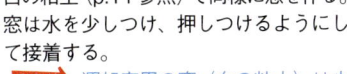
運転席用の窓（白の粘土）は少し大きめにするのがポイント。

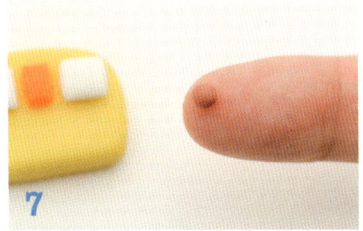
7
茶色の粘土（p.11参照）でタイヤを作り、バスにつける。

8
乾いたら、両面テープでクリップにつける。

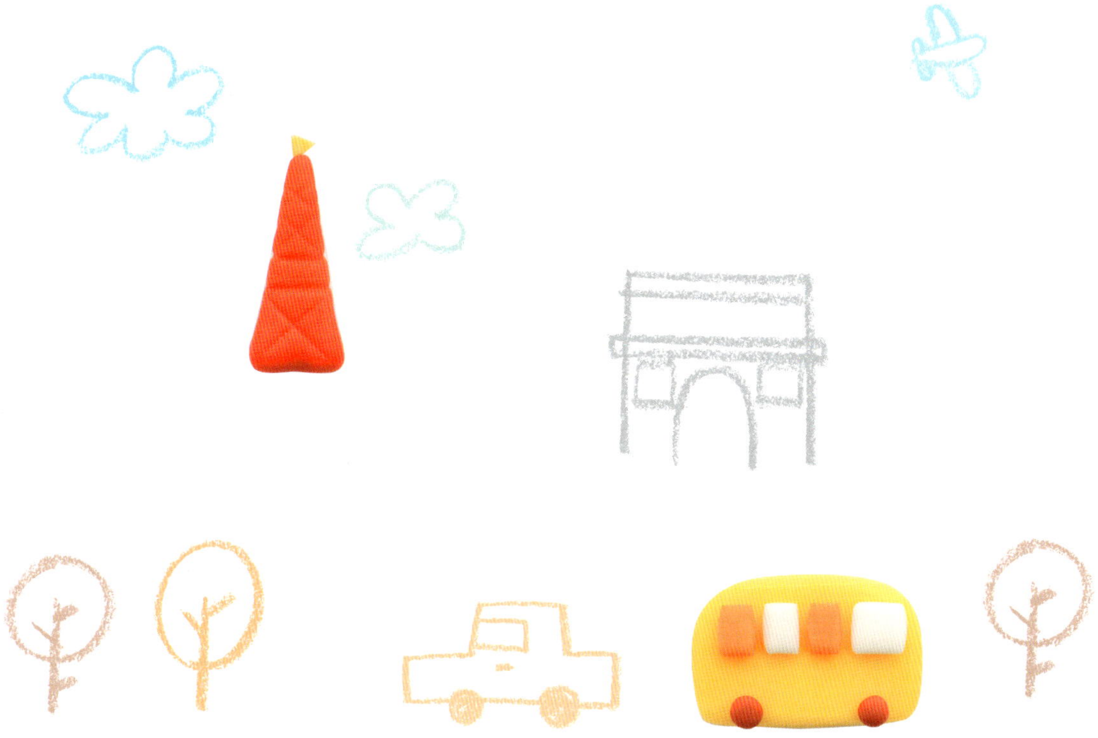

Photo Stand

フォトスタンド PHOTO STAND

デジタルフォトフレームが主流になりつつありますが、こんな簡単な写真立てに気に入ったポストカードを入れるのもいいものです。粘土を貼りつけやすいように、なるべく幅の広い、平らなフレームを選んでください。貼る粘土の数は少なめに、小さめなパーツを貼るのが、シンプルできれいに仕上げるポイントです。

必要なもの
粘土（モデナ）／額縁（縁部分の幅 2.5cm）／ベビーパウダー／ようじ／両面テープまたは接着剤

作り方

1 [雲を作る] 粘土を水色に着色し（p.11参照）、1cm大と5mm大に丸める。

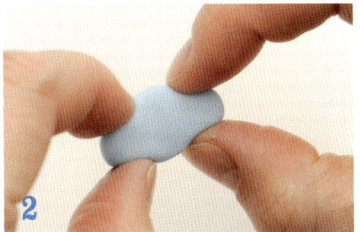

2 1cm玉を平らにし、両手の親指と人差し指ではさむようにして雲の形にする。
Point! 一度にギュッとはさまず、少しずつ成形する。

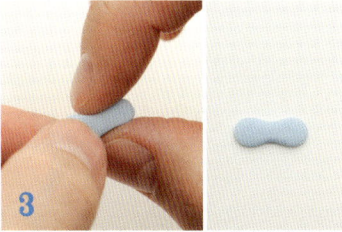

3 5mm玉は平らにし、上下にくぼみをつける。

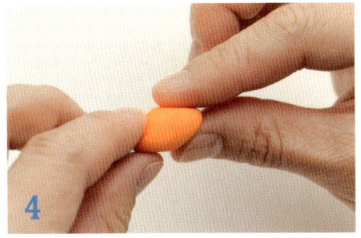

4 [犬を作る] 粘土をオレンジに着色し（p.11参照）、1.5cm大に丸める。できあがりをイメージしながら鼻先、しっぽ部分をのばす。

5 耳や足をつまむようにして形を作る。

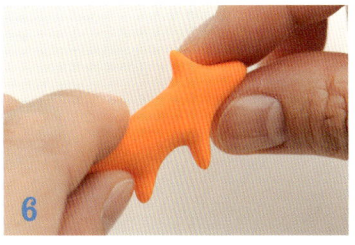

6 平らになるように指ではさみながら犬の形に整える。
Point! ベビーパウダーを薄くまぶした粘土板に置き、上から押さえて平らにする。

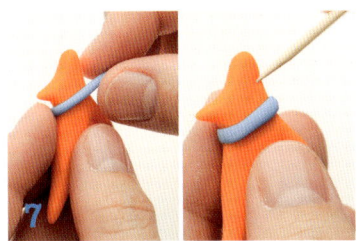

7 水色の粘土（p.11参照）で首輪をつけ、ようじで口の筋をつける。

8 黒の粘土（p.11参照）で目と鼻を作り、水を少しつけて犬に接着する。

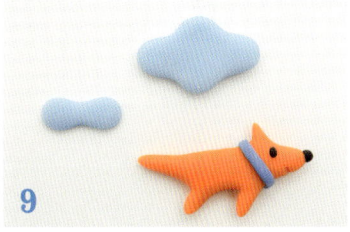

9 乾かす。乾いたら、両面テープや接着剤で額縁につける。

- 紙・石粉粘土の場合は……乾燥後、アクリル絵の具などで着色し、ニスを塗る。
- 軽量粘土の場合は…………衝撃に弱いため適さない。

黒ネコのタグ　TAG OF BLACK CAT

たとえ似たようなカバンでも、ひと目で自分のものだとわかるタグ。色を変えたり、柄を変えたりして、個性的な猫を作ってください。ベルトやジョイント金具は手芸店で。ベルトを通す前に十分乾かし、もし穴が狭かったら彫刻刀などで少しずつ削って広げます。目や口は、どこにぶつかっても取れないように、しっかり押さえつけてください。

必要なもの
粘土（モデナ）／のし棒／ソフトワイヤー（太さ　2mm）約8cm／フックつきベルト／ようじ／ハサミ／ヘラ／ベビーパウダー

作り方

1
粘土を黒に着色し（p.11参照）、5cm大に丸める。型紙（p.62参照）を用意する。

2
のし棒で厚さ5mm程度にのばし、型紙に沿ってようじで切り取り線をつける。

Point! 粘土板の上にベビーパウダーを薄くまぶしておくとよい。切り取り線はとびとびでOK。

3
切り取り線に沿ってハサミで切る。あとで整えるので多少ずれてもOK。

4
ヘラでベルト通し用の穴をくり抜く。穴の大きさはベルトに合わせる。

5
水を少しつけながら、縁をなじませる。ベルト通し用の穴の縁も忘れずに。

6
足やしっぽを曲げて形を整える。

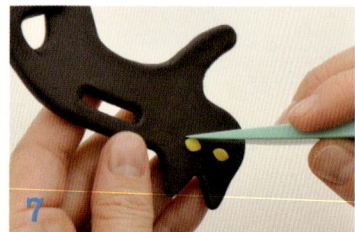

7
黄色の粘土（p.11参照）をアーモンド形にして、目をつける。つけてからヘラで形を整えるとよい。

8
黄色の粘土と白の粘土（p.11参照）で鼻と口をつける。ベースの顔を少し水でぬらしておくと、つきやすい。

9
黒の粘土（p.11参照）で瞳をつける。油性ペンで描いてもよい。乾いたらソフトワイヤーを首に巻く。お好みでイニシャルのシールを貼る。

■ 紙・石粉粘土の場合は……乾燥後、アクリル絵の具などで着色し、ニスを塗る。
■ 軽量粘土の場合は………衝撃に弱いため適さない。

Tag of Black Cat

Essay 1

粘土は楽しく作りましょう！

　立体造形家になってからしばらくの間、とあるところで親子向けの粘土教室の講師をやっていました。作っていたのは、この本に載っているような、生活の中で使えるもので、季節感のある作品を月替わりで提案していました。

　幼稚園から小学校3年生くらいの子どもたちの作るものはおしなべて素晴らしく、色の組み合わせや、自由な形には私のほうが勉強させてもらうことが多かったのです。

　しかし、子どもたちも小学校高学年になると、だんだん「見本にこだわる」ようになってしまいます。そっくりそのまま見本と同じものを作ることはもちろん悪いことではありませんが、多少違っていてもまったく問題ないし、そのほうが個性があっていいんだよ〜、ということを毎回説明していました。

　大人になると「自分は下手だから……」と思うことで尻込みする人もいますが、楽しく作る粘土造形にうまい下手は関係ありません。

　粘土造形は大昔の人間がまず最初にやったことです。誰にでも、何かを作ってみたい！　という気持ちは自然に湧き上がります。どうか、うまい下手を気にしたり、見本通りにしなければという気持ちはどこかに置いてきてください。この本の作り方も、色や形をどんどん変えてしまってOKです。むしろ、あちこちで違うものができることを楽しみにしているのです。

オリジナル時計の作り方

　市販されている多くの時計は、文字盤とカバーをセパレートさせることができます。カバーを外し、文字盤にあらかじめ作っておいた粘土作品をくっつけて、カバーを戻します。ネジを外したり、縁の鋭いところに手をかけなければならない場合は十分気をつけてください。またそのような作業が困難な場合、無理は禁物です！
　時計のムーブメント（駆動部分）と針が市販されているので、それを使う方法もあります。手頃な厚紙や板に穴をあけ、ムーブメントと針を取りつけてから、粘土作品を貼りつけて完成させましょう。

2

飾る粘土雑貨

とてものびがよく、
細かいものを作るのにピッタリの
樹脂粘土で作る、オーナメント、
モビール、ミニチュアショップ、
そしてウサギやクマのキャラクター。
そばにあるだけで
なんとなくウキウキします。

おすわりクマ SITTING BEAR

ちょっと大きめの作品。慣れたら、色や表情を変えて自分だけのキャラクターを作ってみてください。大小作って親子にしたり、57ページのマカロンやクッキーを持たせても可愛い。腕の位置を調整してメッセージカードを持たせてもいいかも。足を作るときはゆっくりと。引っぱり出すというより粘土を移動させるような気持ちで作ってください。

必要なもの
粘土（モデナ）／ようじ／ヘラ／ハサミ

作り方

1 粘土を黄緑に着色し（p.11参照）、5cm大を2個（頭用・ボディ用）に分け、それぞれ丸める。

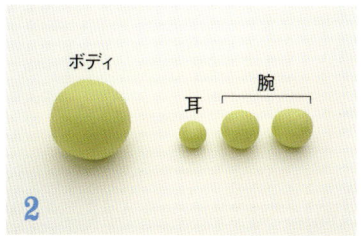

2 ボディ用は2/3（ボディ）と1/3に分け、1/3をさらに腕用2個、耳用1個に分ける。
Point! 作業しないときは密閉容器に入れて乾燥を防ぐこと。

3 ボディの粘土をVの字になるように少しずつつまみ出す。

4 つま先をつまみ出して作り、足を曲げる。

5 粘土板に押しつけ姿勢を整える。反らないように少し前傾させるとよい。粘土がよれたら、水を少しつけてなじませる。

6 ボディにようじを刺し、頭をつける。つなぎ目に水をつけ、頭をそっと押しつける。

7 腕用の粘土で腕を作り、指を1カ所つまみ出して、ボディにつける。つなぎ目に少し水をつけ、ヘラで押さえるようになじませる。

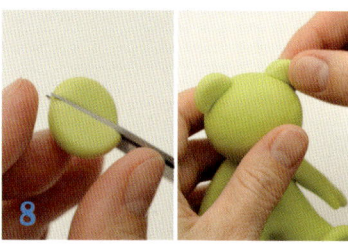

8 耳用の粘土を平らにし、ハサミで2等分して、少し水をつけて頭につける。

9 白と黒の粘土（p.11参照）で目と鼻、口をつけ、オレンジの粘土（p.11参照）を2cm大に丸めてから三角にして帽子を作り、頭につける。いずれも水を少しつけて接着させるとよい。

- ■ 紙・石粉粘土の場合は……乾燥後、表面をやすりがけしてからアクリル絵の具などで着色し、ニスを塗る。
- ■ 軽量粘土の場合は…………注意点はとくになし。腕や耳はしっかりとつける。

Standing Rabbit & Cat

立ちウサギ＆ネコ STANDING RABBIT & CAT

座っているポーズよりもちょっとだけ難しい、立っているポーズです。足の中に芯を入れて、乾かすときに倒れないようにすれば大丈夫。色やポーズをどんどん自由に変えて、自分だけのキャラクターにしてください。うんと小さく作ってストラップにしたり、キャンディポットの上に立たせるのもおすすめです。

必要なもの
粘土（モデナ）／ようじ／ヘラ

作り方　※ウサギをメインに解説します。ネコの作り方はp.60を参考にしてください。

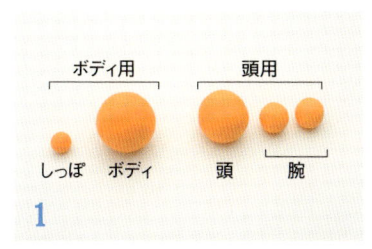

1 粘土をオレンジに着色し（p.11参照）、5cm大を2個（頭用・ボディ用）に分け、丸める。さらにそれぞれをしっぽ＋ボディ、頭＋腕2本に分ける。

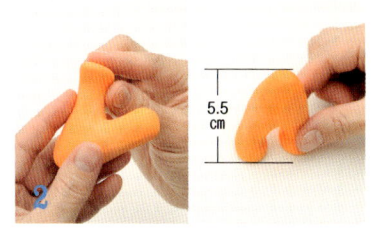

2 ボディを作る。クマ（p.35参照）のように足を作り、立たせながら調整する。
Point! 足裏を大きめに作ること。上から見て反っていないかチェックし、つま先に重心をかけるようにする。

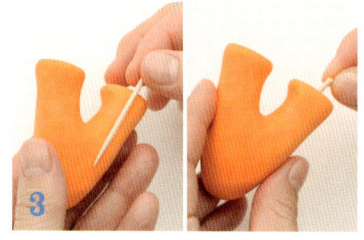

3 ようじを2/3に3本カットする。そのうち2本を足に入れる。

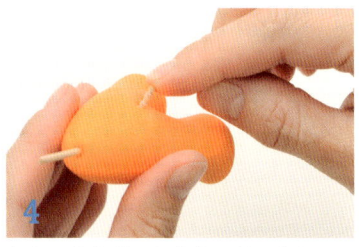

4 もう1本を首から中心に刺し入れ、カットした残り1/3を1本おしりに刺す。

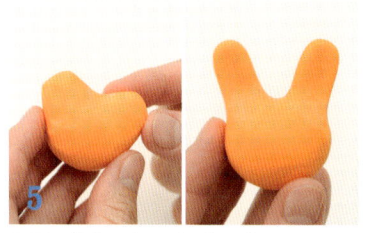

5 頭用の粘土でウサギの顔を作る。耳を少しずつつまみ出しながら形を作る。

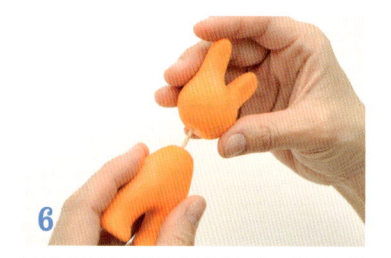

6 頭にようじで穴をあけておき、ボディのようじと合体させる。つなぎ目に少し水をつけ、頭をそっと押しつける。

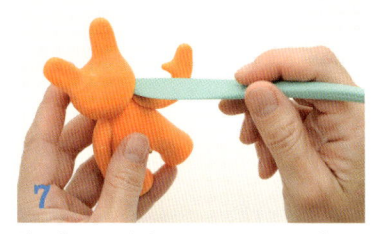

7 腕を作り、ボディにつける。つなぎ目に少し水をつけ、ヘラで押さえるようになじませる。

8 しっぽをつける。

9 白と黒の粘土（p.11参照）で目と鼻、口をつける。白の粘土で耳の中、おなかもつける。手が下がらないように紙などを当てて乾かす。

- 紙・石粉粘土の場合は……乾燥後、表面をやすりがけしてからアクリル絵の具などで着色し、ニスを塗る。
- 軽量粘土の場合は…………注意点はとくになし。腕はしっかりとつける。

トリのモビール　BIRDS MOBILE

色とりどりのトリたちが風にゆらゆら揺れるモビール。木の葉を作ったり、45ページのアルファベットを組み合わせてもおもしろいかも。薄く作ったものを乾かすときは、反らないように何度も表裏をひっくり返すのがポイント。ソフトワイヤーを使って吊しますが、竹ひごとテグスでもOKです。

必要なもの
粘土（モデナ）／ようじ／ソフトワイヤー（太さ1mm）約40cm、（太さ2～3mm）約70cm

作り方

1 粘土を水色に着色し（p.11参照）、2.5cm大に丸める。型紙（p.62参照）を使って作る場合は3cm大を使用。

2 平らにしながら、手でのばして鳥の形にする。
Point! 尾と頭をイメージしながら成形する。

3 作業台に置き、上から押さえて厚さ2～3mmにする。
Point! できるだけ薄いほうがよいが、薄すぎると反りが出るので注意。

4 軽く持って重心を確認し、穴をあける位置を決める。

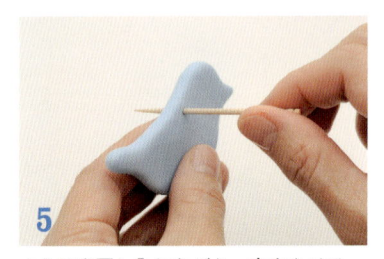

5 ようじを回し入れながら、穴をあける。裏側からもようじを入れて穴を整える。

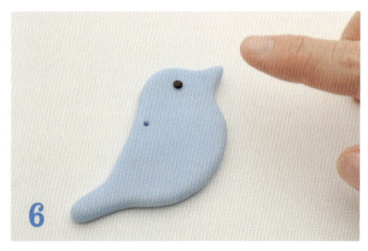

6 黒の粘土（p.11参照）をごま粒大に丸め、目をつける。
Point! 押しつけながら粘土を平たくする。両面とも目をつける。

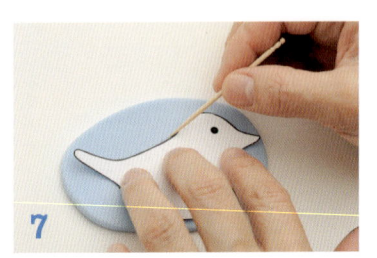

7 型紙を使う場合は粘土を3cm大に丸めてから、のし棒で厚さ2～3mmにのばし、ようじで印をつけてからカットする。
Point! 型紙で作るときのコツは黒ネコのタグ（p.28）を参照のこと。

8 乾いたら、ソフトワイヤー（太さ1mm）を通し、ねじって固定する。

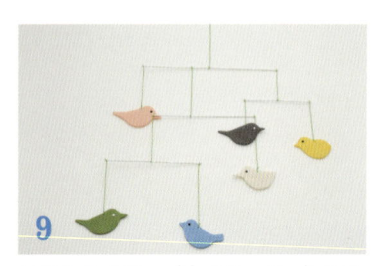

9 ソフトワイヤー（太さ2～3mm）をカットし（横バー）、鳥を下げたソフトワイヤー（太さ1mm）を巻きつけてつなぐ。寸法や仕上げ方はp.62参照。

- 紙・石粉粘土の場合は……乾燥後、表面をやすりがけしてからアクリル絵の具などで着色し、ニスを塗る。
- 軽量粘土の場合は………反らないよう、乾かすときに頻繁に表裏をひっくり返す。

Birds Mobile

Small Zoo

プチ動物園 SMALL ZOO

箱にしまっておける小さな動物園です。箱に合わせて数を増やしてください。植木鉢の土の上に、木や草をたくさん作ってジオラマ風に動物を飾っておくのもおもしろい。樹脂粘土は防水仕様なので、少しくらい水がかかっても大丈夫。動物の足を作るのはちょっと難しいですが、何度か練習してから本番に臨んでください。きっと、慣れます。

必要なもの
粘土（モデナ）／ようじ

作り方

1 [ブタを作る] ピンクと黄色の粘土（p.11参照）を4：1で混ぜ、サーモンピンクを作る。2.5cm大に丸める。

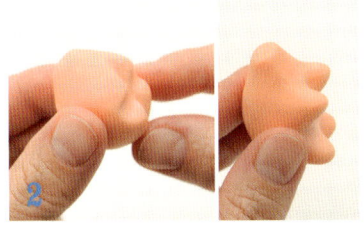

2 耳としっぽ分を取り分けておく。顔部分と足をつまみ出し、ブタの形を作る。

3 耳、しっぽをつけ、黒の粘土（p.11参照）で目をつける。ようじで鼻の穴をつける。

1 [牛を作る] 粘土（着色なし）を3cm大に丸め、牛の形を作る。形をイメージしながら少しずつつまみ出すようにする。
Point! 背中が少したわみ、おしりを角ばらせるのがコツ。

2 しっぽをつけ、黒の粘土でぶち模様と目をつける。ピンクの粘土で鼻をつける。

1 [馬を作る] オレンジの粘土（p.11参照）を2.5cm大に丸め、馬の形を作る。
Point! 首は粘土を少しずつ移動させるイメージでのばす。

2 茶色の粘土（p.11参照）でたてがみとしっぽをつけ、黒の粘土で目をつける。水を少しつけると接着しやすい。

[参考作品]

耳は2本交互に少しずつつまみ出す。

Vの字を作り、片方を下向きにとがらせ、しっぽに。

Uの字の片方を小さくつまみ出してクチバシを作る。

- 🟨 紙・石粉粘土の場合は……乾燥後、アクリル絵の具などで着色し、ニスを塗る。
- 🟨 軽量粘土の場合は…………注意点はとくになし。

Miniature Shop

ミニチュアショップ　MINIATURE SHOP

簡単に作ることができ、でも本格的に見える10㎝×10㎝の小さなケーキ屋さんです。同じ形の棚を作って、パン屋さんや和菓子屋さんも作って並べたら、ちょっとした街ができあがります。お客さんは37ページのウサギやネコがちょうどいいかも？　粘土の世界をどんどん広げてください。

必要なもの
粘土（モデナ）／ようじ／ハサミ／ヘラ

作り方

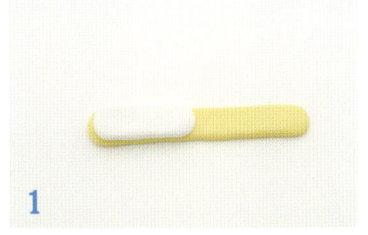

1 ［ショートケーキを作る］クリーム色と白の粘土（p.11参照）を2㎝大と1.5㎝大に丸める。それぞれ幅1.5㎝、厚さ2㎜にのばし、クリーム色の上に白を重ねる。

2 クリーム色で白をはさみ、ようじで三角に筋をつけ、ハサミでカットする。

3 赤の粘土（p.11参照）を3㎜大に丸め、水を少しつけてのせる。

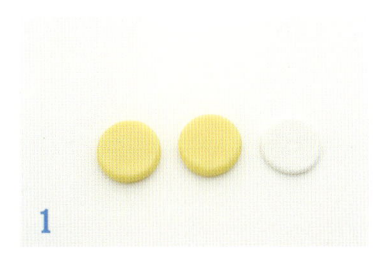

1 ［ホールケーキを作る］クリーム色と白の粘土（p.11参照）を2㎝大と1㎝大に丸める。それぞれ半分にし、直径2㎝程度に平らにする。白の残りはホイップの飾り用にする。

2 1を重ねる。残った白でホイップを、赤の粘土（p.11参照）でイチゴを作ってのせる。

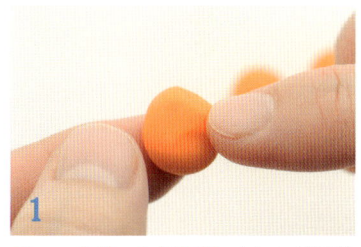

1 ［シュークリームを作る］オレンジの粘土（p.11参照）を1㎝大に丸め、指でいびつな形にする。

2 ヘラを入れ、左右に振って押し広げる。白の粘土を米粒大に丸めて押し入れる。

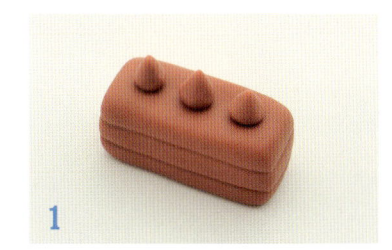

1 ［チョコレートケーキを作る］茶色の粘土（p.11参照）を2㎝大に丸め、長方体に整える。ヘラで筋をつけ、ホイップを3個作って飾る。

2 同様に茶色の粘土を長方体に整え、ショートケーキのように三角にカットする。白の粘土でホイップを作ってのせる。

※ピンクのホールケーキは参考作品。ケーキ棚の作り方はp.62参照。

- 紙・石粉粘土の場合は……乾燥後、アクリル絵の具などで着色する。ニスを塗るのならツヤ消しタイプを。
- 軽量粘土の場合は…………注意点はとくになし。

Ornament of Initial

イニシャルオーナメント ORNAMENT OF INITIAL

ドアノブに吊しても、カバンに下げても、クリスマスツリーに飾っても。いろいろな使い方ができるアルファベットのオーナメントです。小さく小さく作って、プレゼントのリボンに飾っても可愛い。板に並べて貼って、表札にすることもできます。

必要なもの
粘土（モデナ）／ベビーパウダー／ハサミ／ようじ

作り方　※aをメインに解説します。他のアルファベットは型紙（p.61）にある数字の順番通りに作ってください。

1 粘土を水色に着色し（p.11参照）、2cm大と1.5cm大に丸める。

2 型紙（p.61参照）をコピーにとり、ベビーパウダーを薄くまぶしておく。

3 1.5cm玉は細長くひも状にのばし、型紙に沿わせて形を作る。のばしすぎたところはハサミでカットする。

4 2cm玉も同様に型紙に沿わせて形を作る。先端部をくぼませ、しずくのような形にして曲げる。

5 しわが出たら、水を少しつけて指でなじませ、なめらかに整える。

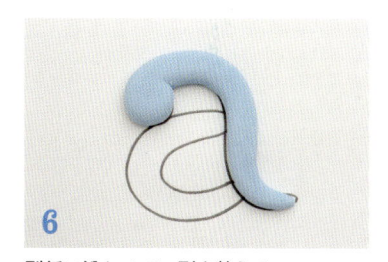

6 型紙に沿わせて、形を整える。

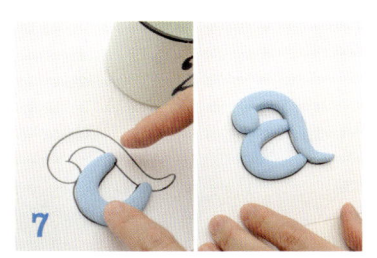

7 下になるパーツを型紙に置き、つけ位置に水を少しつけておく。もうひとつのパーツを重ね、上から押さえる。

8 表裏をひっくり返しながらよく乾かす。乾燥後、ひもをつける。

9 cやfなどひもを通す輪がないものには、ようじで穴をあける（p.38 **5** 参照）。

- 紙・石粉粘土の場合は……乾燥後、表面をやすりがけしてからアクリル絵の具などで着色し、ニスを塗る。
- 軽量粘土の場合は…………反らないよう、乾かすときに頻繁に表裏をひっくり返す。

Essay 2

粘土雑貨をパッケージしてプレゼント！

　私が立体造形家になったのは、樹脂粘土で作ったブローチを友人たちにプレゼントしたことがきっかけでした。そのとき私はアルバイトをしながらイラストレーターをしていましたが、自分の絵を描くスピードが非常に遅いと感じ、焦りを感じていました。

　あるとき、アルバイト先の何人かが別の職場に移ることになったので、何かプレゼントをと思い、彼女たちの好きなもの（たしか犬とかカエルとか……だったと思います）をモチーフにブローチにしてあげたのです。これが思ったよりも喜んでもらえたので、調子に乗った私は絵を描くことを徐々に減らし、その代わり樹脂粘土で作った作品を立体イラストとして方々に売り込むようになりました。やがて2年ほどして、完全に立体だけで仕事をするようになったのです。当時喜んでくれた友人たちには、私のほうが感謝しています。

　残念ながらそのときに作ったものは手元に何もありませんが、プレゼントする人の好きなものをちゃんと思い出して、できるだけシンプルに、小さめに、余計な飾りをつけないことを心がけたのを憶えています。

　プレゼントだけではなく、フリマやバザーなどの機会もあると思いますので、ぜひ、作品がよりステキに見える可愛いパッケージを工夫して、いろいろと作ってみてください。

A. 海外から持って来たフリーペーパーの適当なページを切り取って、真ん中に切り込みを入れてヘアピンをとめました。たくさんのストックの中から、黄色い色と花の写真の組み合わせを選んでいます。袋は商品などを入れるOPP袋です（スイーツの髪飾りの作り方はp.57参照）。

B. これも同じく、海外のフリーペーパーを包装紙代わりにしたものです。ゆるく包んで、細めの麻ひもでしばると可愛らしい（ハリネズミのカード立ての作り方はp.19参照）。

C. OPP袋に入れ、口を紙のひもでしばりました。折り紙を何色か細かく切って、一緒に入れると華やか（クッキー型のブローチの作り方はp.51参照）。

D. アクセサリーなどを販売するときに使う小箱に、緩衝材（紙を細長く切ったもの）と一緒に入れます（星座のマグネットの作り方はp.14参照）。

＊OPP袋、緩衝材、小さい箱などは店舗用品やラッピング用品のコーナーがある専門店、画材店などで手に入ります。

荷造り用の色つきひも、編物で余った毛糸などを少しずつ取っておけば、役に立つかもしれません。

クッキー型で抜いた粘土と、フリーペーパーや雑誌から切り抜いた紙をOPP袋に入れ、同じく切り抜いた紙で上をはさみホチキスでとめます。

3

身につける粘土雑貨

乾くと丈夫になる樹脂粘土は、
アクセサリーやチャームを作るのにピッタリ。
いつも一緒にいてくれる、
身につける粘土雑貨の作り方です。
簡単なものなら1時間あれば
作れます。

PEARL S. · DE EERSTE
SIMENON
IK ONTBIED DE
JEAN BRUCE · BLANCHE VOOR OSS117
CHARTERIS · SAINT EN HET LEVENDE
CHARTERIS · SAINT-STICHTING
NATHAN · DE · REIS

Brooch

クッキー型で作るブローチ BROOCH

本物のクッキーを作るのと同じように、こねて、のばして、型で抜く。失敗も少なく、短時間でできるから小さな子どもも一緒に楽しめます。同じ型で色違いをたくさん作るのも可愛い。46ページのようにひとつずつ小分けしてラッピングすれば、プレゼントやフリーマーケットの出品にぴったり。金具は強力な接着剤を使い、上部につけてください。

必要なもの
粘土（モデナ）／クッキー型／のし棒／造花ピン（2.5cm）各1個／ヘラ（ようじでも可）／接着剤

作り方

1 粘土を青に着色し（p.11参照）、3～4cm大に丸める。

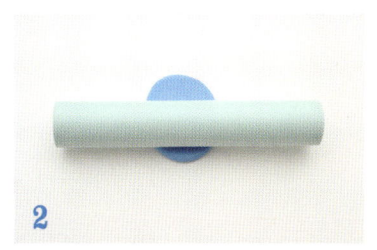

2 のし棒で5mm程度の厚さにのばす。

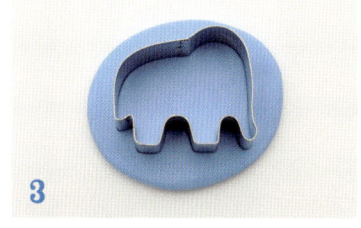

3 クッキー型で抜く。
Point! 粘土が型につく場合はベビーパウダーを型に薄くまぶしてから行うとよい。

4 ほんの少し水をつけた指で、縁をなめらかに整える。

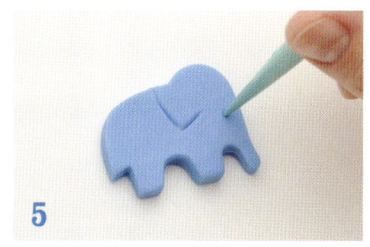

5 ヘラで耳と目の模様をつける。

6 粘土板などに置いて乾かす。
Point! 何度かひっくり返すと早く乾燥し、反りも抑えられる。

7 造花ピンを強力な接着剤でつける。

[参考作品]

小さなパーツをつけるときは水を少しつけて。

服は、薄く作ってのせる。

葉っぱのスジはようじでなぞってつける。

四角い窓はのばした粘土をハサミで切る。

※p.6の作品は裏に両面テープでマグネットをつけたもの。

- 紙・石粉粘土の場合は……乾燥後、表面をやすりがけしてからアクリル絵の具などで着色し、ニスを塗る。
- 軽量粘土の場合は…………衝撃に弱いため適さない。

ストラップ STRAP

小さなものを作るときこそ、樹脂粘土（モデナ）の出番です！ 細かい作業のときには、爪を切って手をよく洗うことをおすすめします。手が温かくて粘土がベタッとくっついてしまう場合は、おしぼりでクールダウンさせながら。乾いたあとは、9ピンを引っぱって抜けないか確認を。取れそうな場合は念のため接着剤でつけてください。

必要なもの
粘土（モデナ）／9ピン（1cm）各1個／ストラップ金具　各1個／ヘラ／ようじ／ニッパー

作り方

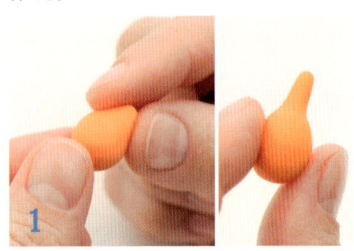

1 [ゾウを作る] 粘土をオレンジに着色し（p.11参照）、1cm強の大きさに丸める。しずく形になるように成形し、鼻を少しずつつまみ出す。

2 ボディを整え、ヘラで十字に溝をつける。少しずつ溝をつけて広げ、足にする。
Point! 一気にやらず、ヘラを左右に振って溝を深くするとよい。

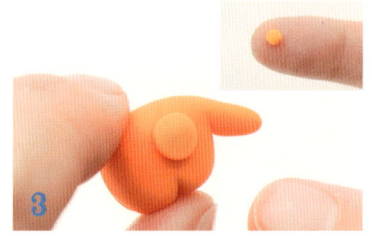

3 オレンジの粘土を少量丸め、ボディにつけて押し広げるようにして耳をつける。

4 黒の粘土（p.11参照）で目をつける。水を少しつけるとくっつきやすい。目は粘土が乾いてから油性ペンで描いてもOK。

5 9ピンをニッパーでカットし、水を少しつけてゾウに刺す。乾かす。

1 [飛行機を作る] 粘土を水色に着色し（p.11参照）、1cm強の大きさに丸め、クロス形になるようつまみ出し、形を作る。

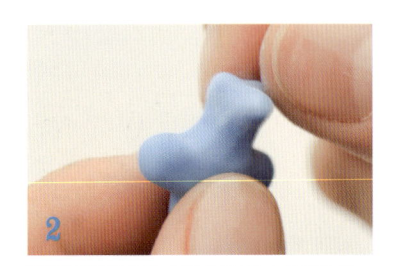

2 尾翼の部分を3つに分けてつまみ出す。

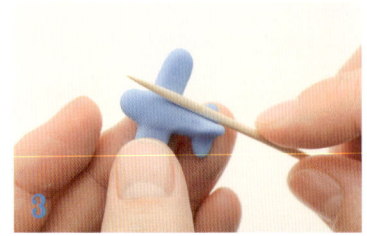

3 ようじを押しつけて形を整える。ゾウと同様に9ピンを刺して乾かす。

1 [雲を作る] 粘土を白に着色し（p.11参照）、1cm弱の大きさに丸め、クロス形になるようつまみ出す。ゾウと同様に9ピンを刺して乾かす。

完全に乾いたら、9ピンにストラップ金具をつなげる。

- 紙・石粉粘土の場合は……細かな造形のため適さない。
- 軽量粘土の場合は…………衝撃に弱いため適さない。

Strap

Beads

ビーズ・ビーズ・ビーズ　BEADS

好きな音楽でも聴きながらいくつも量産するのは楽しいものです。大きさがそろっていなくてもOK。多少ふぞろいなほうが愛らしいのです。ブレスレットやネックレスにつなげる場合は、ゴム製で強度のあるアクセサリー用のひもがあるので専門店で尋ねてみてください。テグスでつないで花瓶敷きにしても。でも、鍋敷きにはしないでくださいね。

必要なもの
粘土（モデナ）／ようじ／ベビーパウダー／ハサミ

作り方

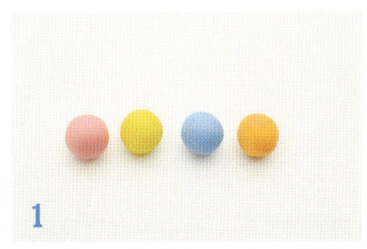

1
粘土を好きな色に着色する（p.11参照）。それぞれ1cm大の玉にする。
Point! 大きさはふぞろいでOK。作りたいサイズで作っても。

2
丸ビーズは、ベビーパウダーをつけたようじを刺して穴をあける。逆からも刺す。

3
ようじを回して穴を広げ、整える。

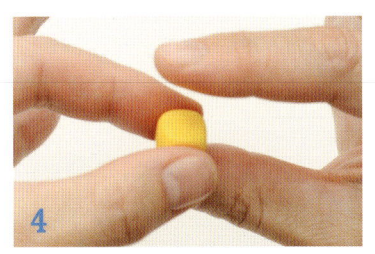

4
四角ビーズは指ではさみながら四角く整える。2、3と同様にようじで穴をあける。

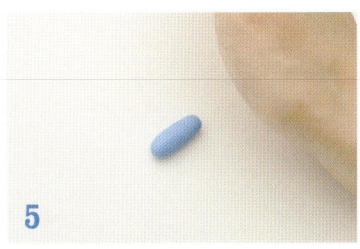

5
筒ビーズは親指のつけ根あたりで転がし、カプセル形にする。

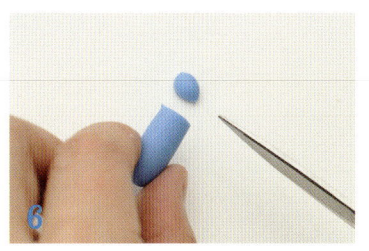

6
ハサミで両端を切り落とす。切り口にほんの少し水をつけて整え、2、3と同様にようじで穴をあける。

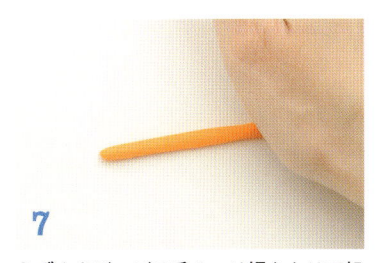

7
うずまきビーズは手のつけ根あたりで転がし、太さ3mmくらいにのばす。

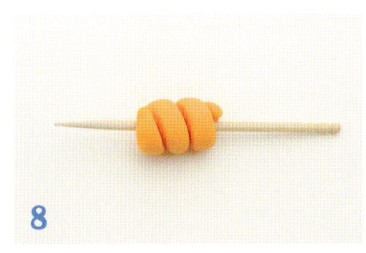

8
ようじに巻きつける。ようじは回しながら抜く。

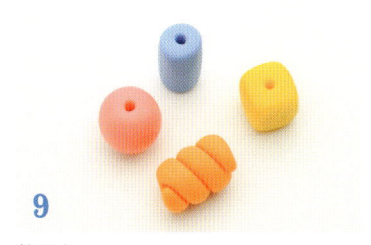

9
乾かす。

- 紙・石粉粘土の場合は……あらかじめアクリル絵の具かポスターカラーを練り込んで着色し、乾燥後ニスを塗る。
- 軽量粘土の場合は…………つなぐとき、金属などの異素材が間に入ると傷つきやすいので注意する。

Hair

Ornament

of

Sweets

スイーツの髪飾り HAIR ORNAMENT OF SWEETS

みんな大好き、マカロン・クッキー・チョコレート。髪どめにつける場合はちょっと厚みのある（薄いスポンジのような）強力な両面テープで固定してください。43ページのミニチュアショップに追加したり、もう少し大きく作ってマグネットを裏につけたりしても。本物そっくりなので、間違えて食べてしまわないように！

必要なもの
粘土（モデナ）／ハサミ／ヘラ／ようじ／両面テープ（スポンジ状のもの）／髪どめ　各1個

作り方

1 ［マカロンを作る］粘土をピンクと白に着色する（p.11参照）。ピンクは1cm大に、白はその1/3ほどに丸める。

2 ピンクの玉をハサミで半分にカットし、ドーム状に整える。白の玉は指で平らにする。

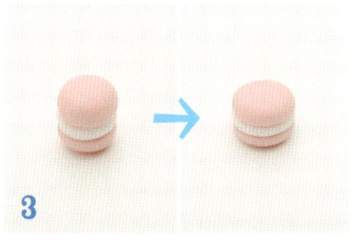

3 ピンクの粘土で白をはさみ、親指の腹あたりで上から押して粘土をくっつける。乾いたら、強力なスポンジ状の両面テープで髪どめにつける。

1 ［クッキーを作る］粘土を黄色に着色し（p.11参照）、7～8mm大に丸める。上下を押さえて平らにしながら縁を丸く整える。

2 ヘラ（ようじでも可）で縁に8等分の溝をつける。

3 ようじで表面に穴をあける。乾いたら、強力なスポンジ状の両面テープで髪どめにつける。

1 ［チョコレートを作る］粘土を茶色に着色し（p.11参照）、7～8mm大に丸める。上から押さえて平らにする。

2 指で台形に整える。乾いたら、強力なスポンジ状の両面テープで髪どめにつける。

- 紙・石粉粘土の場合は……あらかじめアクリル絵の具かポスターカラーを練り込んで着色し、乾燥後ニスを塗る。
- 軽量粘土の場合は…………衝撃に弱いため適さない。

あとがき

作りたいものは見つかりましたでしょうか?
それとも、もう作っていますか?
この本も道具のひとつです。
粘土や絵の具がどんどんくっついた、
世界に一冊だけの本にしてください。
楽しい気持ちのそばに、いつもこの本がありますように。

2011年6月　森井ユカ

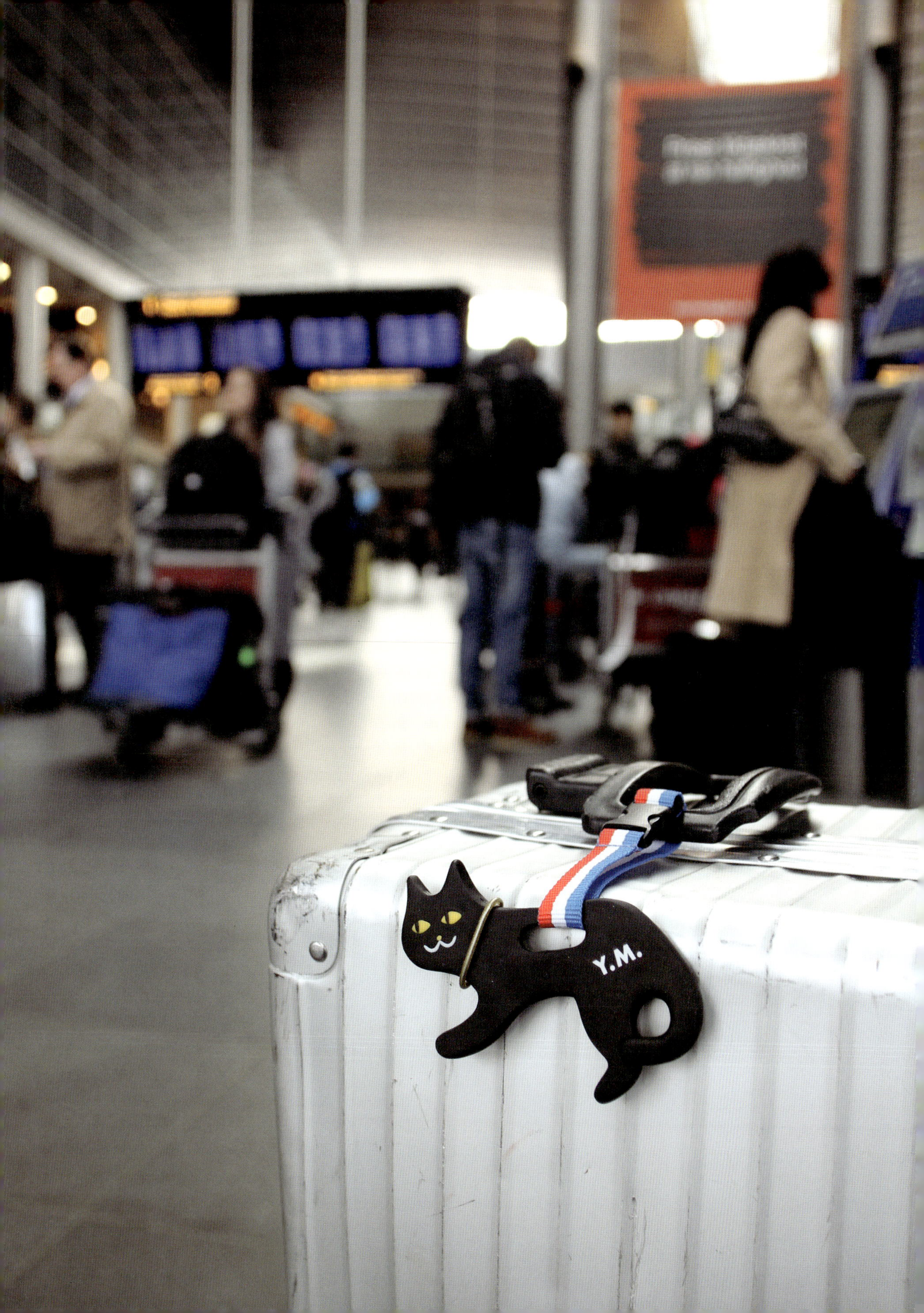
Y.M.

作品見本を参照して作りましょう。粘土はオレンジ、黄色、水色、黒に着色したもの（いずれもp.11参照）を使用します。

おひつじ座	おうし座	ふたご座	かに座
しし座	おとめ座	てんびん座	さそり座
いて座	やぎ座	みずがめ座	うお座

円をハサミで半分に切る

ネコ（36ページ）の作り方▼

頭とボディ用に水色の粘土を用意、ウサギと同じように分割。耳は少しずつつまみ出しながらとがらせる。

細長くのばした赤の粘土を、首の後ろのほうから巻きつけて首輪にする。しっぽも細長くする。

＊好きなサイズに拡大コピーして使います。45ページと同じ大きさに作るには120％に拡大コピーしてください。数字の順番に重ねて作ってください。

＊38ページ「トリのモビール」の型紙（原寸）

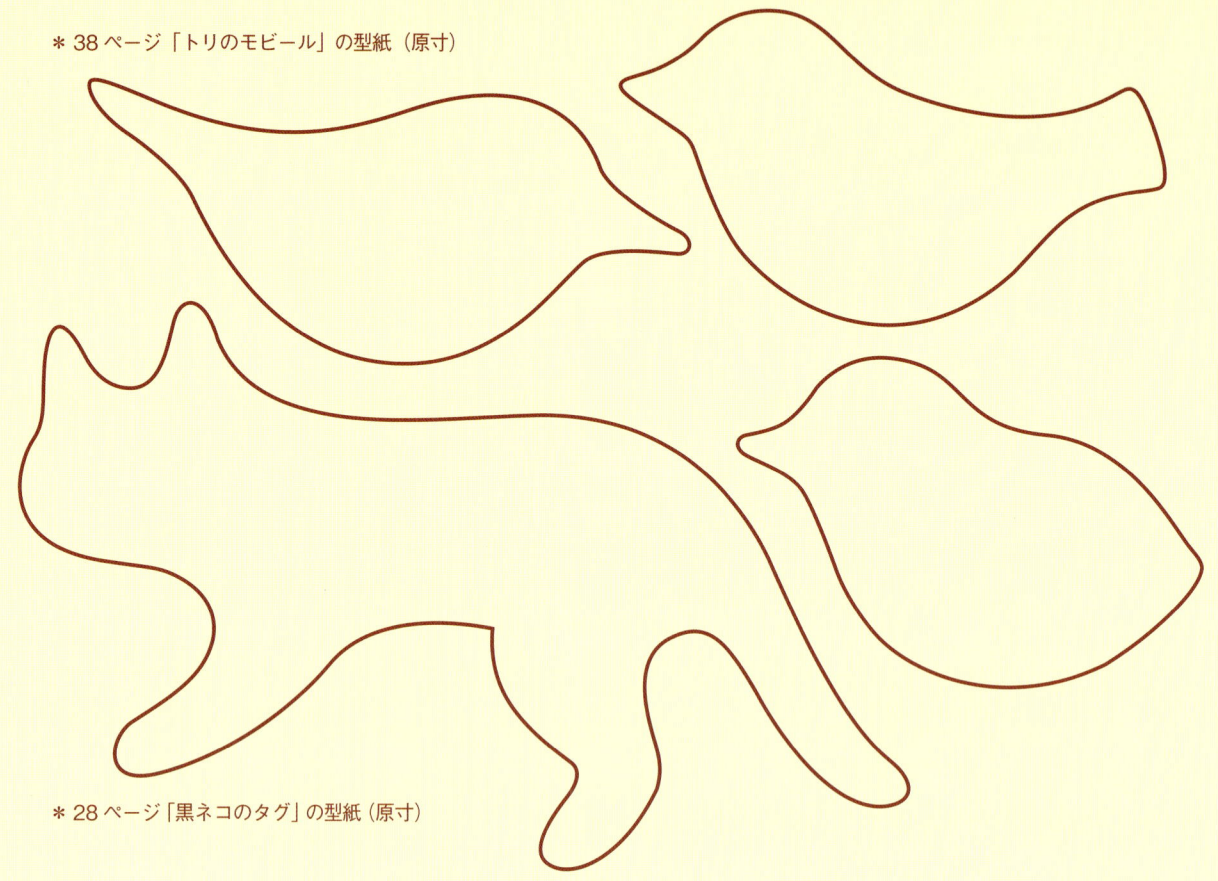

＊28ページ「黒ネコのタグ」の型紙（原寸）

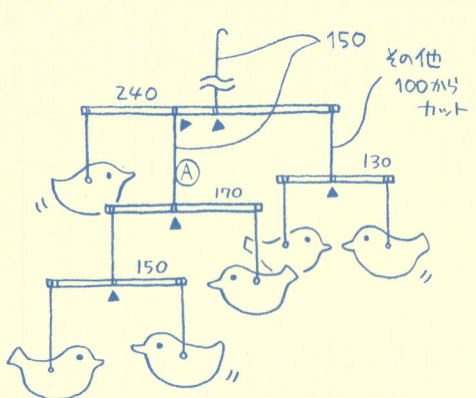

◀モビール（38ページ）の作り方
※つける鳥の大きさ（重さ）によってバランスは変化します。

1. ソフトワイヤーは太さ2〜3mmと、太さ1mmのものを用意。太いほうを240、170、150、130mmの長さにカット。細いほうは長さ約150mmを2本、約100mmを8本用意し、長さを調節しながら作る。

2. 図のⒶのところまで仮つなぎし、どこかにそっと吊し、▲の部分を左右に移動してバランスを調節する。つなぐ場合は、細いワイヤーを二重に巻きつける。

3. すべて仮つなぎし、どこかにそっと吊し、▲の部分を左右に移動してバランスを調節する。バランスが決まったら、細いワイヤーを巻きつけた部分に接着剤をつけて固定する。

ケーキ棚（42ページ）の作り方▶

1. 1mm厚のイラストボード（厚紙）またはバルサを、100×35mmに4枚カットする。

2. 木工用ボンドで、横にした2枚の棚板を、残る2枚の板で縦にはさむように接着。棚板はやや下のほうに、ちょっと斜めにつける（テープで仮どめし、印をつけてから接着するとよい）。

3. 幅105mm、奥行き55〜60mmの紙を奥から40mmのところで折り、棚のてっぺんにつける。たわまないよう、硬めの紙で作ること。

4. 銀色の折り紙、またはアルミホイルを30×35mm角に6枚カットして、ケーキのトレーにする。縁から内側2mmにようじかヘラで筋をつけ、やや内側に折り上げる。

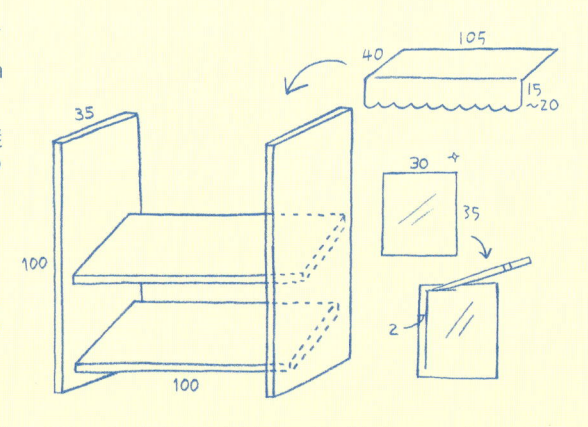

森井ユカおすすめの粘土&道具紹介

本書で使用した樹脂粘土「モデナ」のほか、あると便利な道具を紹介します。

樹脂粘土
モデナ 250g
¥1,050（税込み）

石粉粘土
ラドール 500g
¥525（税込み）

軽量粘土
1. ハーティクレイ ホワイト 200g ¥630（税込み）
　　カラー 50g 各¥262（税込み）
2. マーメイドパフィー 50g 各¥294（税込み）
　カラー［ホワイト、ビスケット、チョコレート］

プロスアクリックス
11色セット
¥3,780（税込み）
単色24色
各¥315（税込み）

ミニのし棒
直径3cm×長さ18cm
¥294（税込み）

粘土用ステンレスハサミ
¥945（税込み）

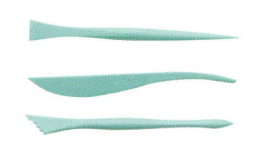

ねんどベラ3本セット
¥210（税込み）

問い合わせ
株式会社パジコ　〒101-0065　東京都千代田区西神田3-1-2
tel.03-6272-5221（代）
ホームページ　http://www.padico.co.jp/

※このページで紹介している商品、およびp.10、11に紹介されている道具のうち［パジコ］の表記があるものは、パジコホームページ内オンラインショッピングで購入できます。

森井ユカ（YUKA DESIGN）
立体造形家、雑貨コレクター。
第7回ハンズ大賞入選を機に、粘土を使う立体イラストレーターに。
粘土で作ったキャラクターが雑誌や広告などで広く使われている。
テレビ東京・「TVチャンピオン」の粘土細工選手権において優勝するなど、各メディアで活躍中。
旅をするたびにモノが増えて行き、雑貨コレクターとしても活動中。
著書に『スーパーマーケットマニア』シリーズ（講談社）、
『雑貨コレクターの旅スタイル』（河出書房新社）など。
www.yuka-design.com

STAFF
デザイン：野島禎三（YUKA DESIGN）
写真（口絵）：森井ユカ（YUKA DESIGN）
写真（プロセス）：山下千絵
編集：村松千絵（Cre-Sea）

協力：清水まい／清水航平（p.30〜31 イラスト）

森井ユカの
樹脂粘土で作るカワイイ！雑貨マスコット

2011年8月20日 初版印刷
2011年8月30日 初版発行

著　者　森井ユカ
発行者　小野寺優
発行所　株式会社河出書房新社
〒151-0051　東京都渋谷区千駄ヶ谷2-32-2
電話　03-3404-8611（編集）03-3404-1201（営業）
http://www.kawade.co.jp/
DTP　アーティザンカンパニー株式会社
印刷・製本　図書印刷株式会社

Printed in Japan ISBN978-4-309-27270-2

落丁・乱丁本はお取り替えいたします。
本書の無断転載（コピー）は著作権法上での例外をのぞき、禁止されています。